# Jan Heidtmann

# Internet abschalten

## Das Digitale frisst uns auf

© Süddeutsche Zeitung GmbH, München
für die Süddeutsche Zeitung Edition 2019

Projektleitung: Sabine Sternagel
Lektorat: Daniela Wilhelm-Bernstein
Cover: Dennis Schmidt, Sibylle Schug
Satz und Realisation: Sibylle Schug
Herstellung: Nadine Modl, Hermann Weixler
Druck- und Bindearbeiten: GGP Media GmbH, Pößneck
Printed in Germany
ISBN: 978-3-86497-520-2

# Jan Heidtmann

# Internet abschalten

## Das Digitale frisst uns auf

Süddeutsche Zeitung Edition

# Inhalt

Prolog

# Eine gute Form der Anarchie ist möglich

**D**as Internet abschalten? Einfach so? Natürlich ist das eine abstruse Vorstellung. Da ist schon mal die ganz praktische Frage: Wo ist der Schalter? Und selbst wenn es ihn gäbe: Ohne das Internet würde das Leben, wie wir es kennen, zusammenbrechen. Die digitale Kommunikation ist inzwischen aufs Engste mit dem Alltag von Milliarden Menschen verwoben. Wir kommunizieren mit Freunden und Verwandten über soziale Netzwerke, tagtäglich halten 270 Milliarden Emails weltweit die Geschäfte in Gang, wir hören Musik über Streamingdienste oder sehen unsere tägliche Serie. Und wenn beim Abendessen ein Thema umstritten ist, wird nicht mehr gerätselt, sondern gegoogelt. Jeden Tag weltweit mehr als fünf Milliarden Mal. Das Internet abschalten? Unsere Gesellschaft würde einen Herzinfarkt erleiden.

Allein das Gefühl, das einen überkommt, wenn man das Mobiltelefon zu Hause vergessen hat, der kurze Moment der Bodenlosigkeit. Wie ein Süchtiger, der seinen Stoff verloren hat. Und es ist ja nicht nur ein Gefühl, ohne das Smartphone entstehen jede Menge praktischer Probleme: Wie bin ich erreichbar? Wie lautet die Telefonnummer der Geschäftspartnerin? Wann war nochmal der nächste Termin? Und wie mache ich das jetzt mit dem Sohn nach der Schule? Das Fehlen eines einzelnen Smartphones bringt bereits einen Haufen Komplikationen mit sich. Es braucht nicht viel Phantasie, sie bei einem Internet-Blackout auf Flughäfen, Krankenhäuser oder den Straßenverkehr hochzurechnen. Und die Zahl der Menschen, die das Internet nutzen, steigt stetig: 4,1 Milliarden waren es Ende 2018, mehr als die Hälfte der Menschheit.

Das Internet abschalten? Einfach so? Es wäre das Beste. Ehe wir uns dem Netz vollständig übergeben. Denn das Internet schafft keine Freiheit. Das Gegenteil ist wahr. Es fördert und stützt autoritäre Herrschertypen wie Donald Trump oder Regime wie das in China. Das Internet führt auch nicht zu mehr Vielfalt. Stattdessen werden die großen Spieler dort, Facebook, Google oder Microsoft, immer mächtiger. Das Internet gibt nicht, wie versprochen, jedem seine Bühne. Das Netz fördert nur diejenigen, die ohnehin schon bekannt sind. Es hat den gesellschaftlichen Diskurs verroht, es ist eine gigantische Verdummungsmaschine, persönlichste Daten werden genauso rücksichtslos ausgebeutet wie die Menschen selbst. Fünfzig Jahre nach der Erfindung des Ur-Internets, des Arpanets, ist es an der Zeit, sich einmal Gedanken darüber zu machen, was die digitale Kommunikation der Menschheit eigentlich gebracht hat. Einmal einen Strich zu ziehen, Soll und Haben. Was dabei herauskommt, ist in Tiefrot geschrieben: Die Erfindung des Internets hat der Menschheit weit mehr geschadet als genutzt.

Am Anfang war der Optimismus. Schön, verspielt, kraftvoll. „Das Internet wurde von Millionen Menschen aufgebaut, nur, weil sie es wollten, ohne Not, Gier, Angst, Hierarchie, Autoritätsgläubigkeit, ethnische Identifikation", schrieb der Internetpionier Jaron Lanier 1998. „Eine gute Form der Anarchie ist möglich, das wissen wir jetzt." Diejenigen, die das Internet vorantrieben, taten es aus einem bewundernswerten Erfindergeist und in der Hoffnung, die Menschheit voranzubringen. Der ursprüngliche Claim von Google, „Don't be evil" – man kann davon ausgehen, dass er ernst gemeint war.

Doch nicht nur Googles Slogan wird heute kaum mehr erwähnt, das Internet selbst hat sich gegen die Menschheit gewendet. „Das neue Medium gewinnt immer", behauptete der Medientheoretiker Neil Postman und das Internet hat tatsächlich gewonnen. Den Menschen tut das nicht gut. Anders als der Buchdruck, das Radio oder das Fernsehen, ist die digitale Kommunikation totalitär. Sie dringt in fast jede Pore des Lebens ein, inzwischen auch in das Denken der Menschen. Das Internet ist das Medium aller Medien – allein Facebook hat inzwischen mehr Nutzer als das Christentum Anhänger. Es ist faszinierend, in den alten Beschreibungen des Internets zu lesen, wobei alt hier ungefähr zehn Jahre bedeutet. Damals schrieb der kluge Autor und Informatiker David Gelernter über seine Vorstellung der Cloud, in der inzwischen Millionen Menschen auch persönlichste Daten speichern: „Die Wolke wird darauf aufpassen, dass unsere Informationen sicher verschlüsselt, verbreitet und aufbewahrt werden."

Im Dezember 2018 wurden dann jede Menge Daten von deutschen Politikern veröffentlicht, darunter auch sehr persönliche Kommunikation wie Familienchats. Geklaut hatte sie ein zwanzigjähriger Schüler aus Hessen, der noch bei seinen Eltern wohnte. Grünen-Chef Robert Habeck, der selbst betroffen war, löschte daraufhin seine Konten bei Facebook und Twitter. Doch große wie kleine Hacks ändern nichts daran, dass die Mächtigen im digitalen Geschäft versuchen, an immer mehr von unseren Daten heranzukommen. So lautet das nächste Projekt von Mark Zuckerberg, die Milliarden Daten von Facebook-Nutzern, Whatsapp-Kunden und Instagram-Begeisterten miteinander zu verschmelzen. „Die Welt mehr zu öffnen und mehr miteinander zu verbinden, das ist unsere Mission", lautet das Mantra Zuckerbergs.

Es sind Versprechen wie diese, auf denen das Internet gründet. Sie halten sich hartnäckig bis heute, als Legenden, als Hoffnungen. Über manche wird heftig gestritten, wie unlängst über das Urheberrecht. Doch tatsächlich sind diese Mythen nur Werkzeuge in den Händen der Digitalkonzerne. Unter dem Deckmantel der Freiheit weigern sie sich, Künstler für ihre Arbeit zu bezahlen. Unter dem Vorwand für Transparenz zu sorgen, sammeln sie milliardenfach persönlichste Daten ein. Mit der Vorspiegelung neuer Chancen nutzen sie die Menschen aus und haben in den Industrienationen einen Billiglohnsektor etabliert, den es bisher vor allem in Ländern der Dritten Welt gab.

Der prominente amerikanische Autor Jeff Jarvis ist seit Jahren ein glühender Verfechter des Segens, den das Internet und soziale Medien seiner Meinung nach stiften. Angesichts der zahlreichen Skandale rund um Facebook und die Unmenge an Hass, die dort verbreitet wird, kommt jedoch selbst Jarvis ins Zweifeln. „Wir müssen die Realität, in der wir leben, akzeptieren. Wir wären klug, den Gewinn, den sie uns bringt, wahrzunehmen. Aber wir müssen alle gemeinsam die Verantwortung für diese neuen Möglichkeiten übernehmen." Nur auf das Medium selbst, das Internet, will Jarvis nichts kommen lassen. Für ihn ist es sakrosankt: „Computer bedrohen und beleidigen keine Menschen. Das machen die Menschen selbst."

Es ist dieselbe Argumentation, die die Waffenlobby immer wieder anbringt, um den teils kaum kontrollierten Verkauf von Schusswaffen in den USA zu rechtfertigen. Nicht Waffen töten, sondern Menschen, lautet das perverse Mantra. Es wird immer dann vorgebracht, wenn wieder einmal mehrere Schüler mit einem Schnellfeuergewehr niedergemäht worden sind. Nur ohne diese Waffe hätte der Attentäter sein Massaker gar nicht verüben können.

# Theorie
## Das Internet fördert Vielfalt, jeder bekommt seine Plattform.

## Realität
**Unsere Möglichkeiten schrumpfen auf das zusammen, was Mark Zuckerberg & Co zulassen.**

**D**as Internet ist entwickelt worden mit der Vorstellung, dass nun jeder zu Wort kommen kann. Dass der Hausmann und die Hausfrau endlich gehört werden. Dass die ambitionierte Schriftstellerin ihre im Selbstverlag veröffentlichten Bücher nicht mehr in irgendwelchen Kneipen feilbieten muss. Dass sich der Rapper aus Berlin-Neukölln nicht die zwanzigste Abfuhr von einem Musiklabel abholen muss – und dann doch Fliesenleger wird. „In Zukunft wird jeder 15 Minuten berühmt sein", prophezeite der Pop-Art-Künstler Andy Warhol 1968 der damals noch sehr analogen Welt. Im Internet, so das Versprechen, wird Warhols Diktum zum Dauerzustand: Jeder hat jederzeit die Chance, sich zu emanzipieren.

Das Buch zum digitalen Traum ist Chris Andersons Bestseller „The Long Tail" von 2004. Demnach bekommen im Internet gerade Nischenanbieter die Möglichkeit, ihre Werke zu verkaufen. Die Logik dahinter ist bestechend: Kein analoger Buchhändler zum Beispiel kann es sich leisten, jedes Schriftwerk in der Auslage zu haben. Eher abseitige Druckerzeugnisse zahlen die Miete nicht, ein Händler konzentriert sich auf die Bücher, die er gut verkaufen kann.

Im Internet ist das anders, Amazon und andere können alle gedruckten Werke anbieten, vom Bestseller bis zum Gedichtband des Hinterhoflyrikers aus Köln. Im Internet ist immer Platz im Regal – im digitalen Buchladen ebenso wie im digitalen Supermarkt und im digitalen Plattenladen auf iTunes. Anderson ging noch einen Schritt weiter: Die Nischenprodukte zusammen würden sich schließlich besser verkaufen als die Bestseller. Die „Tyrannei des kleinsten gemeinsamen Nenners" sei mit dem Internet vorbei, schreibt Anderson. „Jetzt definieren eine Million Nischen unsere Kultur."

Soweit die Theorie. Tatsächlich aber tendiert das Internet zur Konzentration wie kaum eine andere Branche. Die versprochene Vielfalt mutiert mehr und mehr zur Einfalt. Seit Tim Berners-Lee 1991 die erste Webseite veröffentlichte, ist deren Anzahl auf rund 1,94 Milliarden gewachsen. Aber rund vierzig von ihnen ziehen den größten Teil des Netzverkehrs auf sich, sie sind die Monopole im digitalen Raum. Ganz vorne Unternehmen wie Google, YouTube, Facebook und die chinesische Suchmaschine Baidu. Die überwältigende Mehrheit der Seiten bleibt da nahezu unbeachtet. Oder schaut wirklich jemand auf die Seite drei der Google-Ergebnisse?

Kaum anders ergeht es den Millionen von Autoren, Musikerinnen und selbsternannten Propheten, die mit dem Internet hofften, ihr Publikum zu finden. Sie liegen, analog gesprochen, wie Blei in den Regalen. Die Emanzipation der Ungehörten, sie ist die eine große Mär des Internets.

Denn die Logik des digitalen Geschäfts ist die des Mehrheitswahlrechts: Wer gewinnt, gewinnt alles. Die Algorithmen von Amazon, Facebook, Google und anderen sind so konzipiert, dass belohnt wird, wer bereits bekannt ist. Es ist ein sich selbst verstärkender Prozess: „Das Populäre wird populär, weil es populär ist", schreibt der Autor Martin Andree. Alle anderen verschwinden im Nirwana des schier endlosen Netzes.

In analogen Märkten wie dem Automarkt können gut mehrere Anbieter nebeneinander existieren. Volkswagen mag vielleicht mehr PKW verkaufen als BMW. Trotzdem findet BMW seine Kundschaft. Bei einem sozialen Netzwerk wie Facebook funktioniert das nicht, der Zweitplatzierte hat kaum eine Chance: Wer will schon zu einem sozialen Medium wechseln, auf dem er seine Freunde nicht findet?

Auch Suchmaschinen drängen aus ihrer eigenen Logik heraus auf absolute Herrschaft. Je mehr Menschen sich dort informieren, desto mehr Daten hat das Unternehmen, um die Suchanfragen zu verbessern. In Zahlen gesprochen: Die fünf größten Netzwerke haben seit 2010 fast vierhundert Unternehmen aufgekauft. Kleinen Tech-Unternehmen wird inzwischen massiv davon abgeraten, in Bereiche zu investieren, in die die großen Tech-Konzerne ihr Geld stecken. Sie werden die Kill Zone genannt, Bereiche, in denen sie nur verlieren können. Die Großen saugen alles auf.

So bekommt der durchschnittlich interessierte Nutzer des Internets nur einen kleinen Ausschnitt dessen zu Gesicht, was es tatsächlich gibt. Jede Bahnhofsbuchhandlung bietet da mehr sichtbare Auswahl, jeder Plattenladen hat mehr Sinn für Ausgefallenes. Verstärkt wird der fatale Hang des Internets zur Einfalt durch die algorithmisch gesteuerten Empfehlungen auf allen möglichen Portalen: „Wenn Sie XY mögen, mögen Sie vielleicht auch YX". YouTube lässt einem gar nicht erst die Wahl. Sucht man einen Song und spielt ihn ab, wird im Anschluss weitere Musik gespielt, die der Algorithmus für passend hält. Es herrscht das Prinzip Partnerbörse: Der Zufall, die überraschende Begegnung wird abgelöst durch ein Computerprogramm. So soll der passende Partner gefunden werden.

Doch vielleicht ist gerade der unpassende Partner der, der am besten passt?

Natürlich kann man das alles als Service begreifen. Niemand zwingt uns dazu, dem Internet zu folgen. Das ist aber nur so lange wahr, so lange einer die Möglichkeiten außerhalb des Netzes kennt. Doch wer heute aufwächst, für den kann die Welt leicht auf das zusammenschrumpfen, was die Algorithmen zulassen – und damit Firmen wie Google, Amazon oder Facebook, die den größeren Teil des digitalen Geschäfts betreiben.

Sie entscheiden auch darüber, wie wir uns ausdrücken dürfen. Die Zeichen, die im digitalen Raum verwendet werden können, legt ein Konsortium namens Unicode mit Sitz im kalifornischen Mountain View fest. Dort wird nicht nur bestimmt, welche Schriftzeichen verwendet werden können, da ist das Tableau ja weitgehend vorgegeben. Dort werden auch regelmäßig die Emojis festgelegt, die in Smartphones und Tablets genutzt werden dürfen. Wer Emojis verwendet, weiß: Mit den Smileys, den Daumen-Hoch-Bildern und den Herzchen gibt Unicode auch vor, wie wir unseren Gefühlen Ausdruck verleihen können. Und am Tisch von Unicode sitzen die großen Tech-Konzerne, Google, Adobe, Apple, Microsoft.

Die stetig wachsende Macht der Digitalkonzerne – Apologeten des Internets begrüßen sie rückhaltlos. „Wenn wir Geräte von Google mit Betriebssystemen von Google und Google-Browsern und Google-Software benutzen, um Google Fragen in Text, Ton oder gar Bildern zu stellen, und Google gibt uns die auf uns zugeschnittene Antwort von jeder Quelle – nein, von der besten Quelle – in der Welt, die zu dem

Kontext in diesem Moment am besten passt, dann ist das der Höhepunkt des Google-Zeitalters", schreibt Jeff Jarvis. „Googles nächstes Ziel ist es nicht nur die Information der Welt zu organisieren, sondern gleich unser Leben."

Damit wird die Ideologie der Digitalkonzerne auf den Punkt gebracht: Es ist die Beschreibung eines totalitären Regimes.

# Theorie

Sharing is caring,
oder: Je mehr wir
von und preisgeben,
desto gerechter
wird die Gesellschaft.

# Realität

## Mit unseren Daten übergeben wir auch die Macht über uns.

**D**en gläsernen Abgeordneten gab es schon lange vor dem Internetzeitalter. Dahinter stand die richtige Überlegung, dass diejenigen, die uns regieren, transparent sein sollten. Der Bürger sollte wissen, woher sie ihr Geld bekamen, ob ihre Entscheidungen fremdbestimmt wurden und ob sie ihrer Aufgabe charakterlich gewachsen waren. Transparenz bedeutete Demokratie, denn so konnte jeder wissen, woran er mit der Frau oder dem Mann an der Spitze war. Keine Hinterzimmer, keine Intrigen.

Das Ideal der Transparenz ist auch einer der Grundpfeiler des Internets. Legen die Menschen alles offen, so die Idee, gibt es keine Geheimnisse mehr. Wir begegnen uns unverstellt. Es ist das Versprechen der perfekten Gesellschaft, dass noch von den hippieesken Anfängen des Internets stammt. Was daraus geworden ist, hat Dave Eggers in seinem Roman „The Circle" auf die Spitze getrieben. Mit „The Circle" meint er unverkennbar Google und das neueste Projekt des Unternehmens heißt im Buch „SeeChange". Hierfür sollen Politikern kleine Kameras mitgegeben werden, die sie 24 Stunden am Tag begleiten. Vollkommene Transparenz, die nur vor dem Badezimmer kurz haltmacht. Doch die Vorsitzenden von „The Circle", die „drei weisen Männer" wollen mehr: Jeder Mensch soll sein Leben komplett offenlegen, Privatsphäre zählt nichts mehr. Der Plot ist sicherlich etwas plump. Doch die Realität ist nicht weit davon entfernt.

Wir geben intimste Daten von uns preis, wie es sich George Orwell nicht hätte vorstellen können. Es beginnt morgens, wenn wir den Flugmodus des Smartphones ausschalten und das erste Lebenszeichen senden, Nachrichten auf Whatsapp checken, der Blick aufs Wetter. Jede App, die wir nutzen, jede Seite, die wir besuchen, sendet Daten über unser Verhalten. „Die Fähigkeit jeden Aspekt unseres Lebens zu vermerken, erreicht inzwischen unseren Körper selbst (...)", schreibt James Bridle in seinem Buch „New Dark Age". „Kluge Armbänder und Apps mit integriertem Schrittzähler (...) verfolgen nicht nur unseren Standort und jeden Herzschlag, sondern auch die Muster unserer Gehirnwellen. Die Nutzer werden ermuntert, das Mobiltelefon nachts neben das Bett zu legen, sodass die Schlafmuster abgefragt und verfolgt werden können." „1984", der dystopische Roman Orwells vom Überwachungsstaat, erscheint fast harmlos gegen das, was heute geschieht. Denn all diese Daten liefern wir auch noch freiwillig ins Silicon Valley. Zum Beispiel mit Alexa oder anderen stimmengesteuerten Assistenten, die vor allem stetig arbeitende Datensauger sind.

Selbst wenn man den Datenschutzerklärungen einmal Glauben schenkt: Das Geflecht an Informationen im Besitz der Internetkonzerne wird dichter und dichter. Bereits die Antwort auf eine harmlos wirkende Online-Umfrage, wie es einem gerade so gehe, liefert weitere Erkenntnisse über den Seelenzustand eines Landes, einer Stadt, eines Bezirks, einer Straße.

Welche Macht dadurch entsteht, hat Facebook in einer größeren Stadt demonstriert (den Namen will das Unternehmen nicht preisgeben). Bei einem Experiment mit siebenhunderttausend dort lebenden Nutzern, gelang es Facebook den Gefühlshaushalt der Stadt zu beeinflussen: Sendete das Unternehmen eher positive Nachrichten, sendeten auch die Nutzer eher gut gestimmte Nachrichten. Wurde Negatives verbreitet, sank auch die Stimmung der Nutzer.

Transparenz ist eine der großen Lügen des Internets. Denn es ist meist die Transparenz der anderen. Gib du mir deine Daten, dann verschaffe ich dir Zugang: zu deinen Freunden auf Whatsapp, zu deiner Lieblingsmusik auf Spotify, zum Datenspeicher von Amazon. Unter der Fahne der Transparenz wurde eine neue Form des Kapitalismus etabliert: Für das billige Versprechen von Vernetzung lassen wir uns und unsere Daten hemmungslos ausbeuten. „Überwachungskapitalismus" nennt es die US-amerikanische Wirtschaftsprofessorin Shoshana Zuboff. Wir legen das Schicksal unserer Daten in die Hände einiger weniger. Und damit auch unser eigenes Schicksal.

Denn die Mächtigen im Internetgeschäft geben ihrerseits nichts preis. Google und Facebook hüten die Baupläne ihrer Algorithmen wie Coca-Cola seine Rezepte; kaum einer weiß, was mit den Unmengen an gesammelten Daten geschieht; die Datenschutzbestimmungen werden regelmäßig so geändert, wie es den Unternehmen in ihre Strategie passt.

Die Datenmengen im Besitz der Internetkonzerne sind inzwischen derart gigantisch, dass sie offenbar selbst den Überblick verlieren. So hatte US-Präsident Donald Trump über die Beratungsfirma Cambridge Analytica Zugriff auf Millionen Daten von Facebook. Er konnte sie für seinen Wahlkampf einsetzen, weder Facebook noch die Nutzer waren informiert.

Wie viel Macht die Herrschaft über die Daten verschaffen kann, wird gerade in China demonstriert. In mehreren Pilotprojekten werden Sozialpunktesysteme getestet. Wer sich wohl verhält und zum Beispiel die Mutter pflegt, bekommt Pluspunkte. Wer seine Partner häufig wechselt und eher unstet lebt, wird hingegen negativ vermerkt. Das kann Auswirkungen auf die Karriere haben oder auf einen Kredit, den man von der Bank braucht. „Die rechtschaffenen und vertrauenswerten Bürger sollen sich frei unter dem Himmel bewegen können", umschreibt die chinesische Regierung das Projekt. „Wer aber in Verruf gerät, dessen Bewegungsfreiheit soll stark eingeschränkt sein."

Die Standardreplik auf die Kritik an der hemmungslosen Weitergabe von Daten lautet regelmäßig: Wer nichts zu verbergen hat, hat auch nichts zu befürchten. Weil die USA nicht China sind, und Deutschland es schon gar nicht ist, sind die Menschen hierzulande schnell bereit, auf dieses Argument zu vertrauen.

Nur, was heute noch offen gesagt werden kann, kann morgen schon verbergenswert sein.

# Theorie
## Das Internet ist nur ein Werkzeug für die Menschen.

# Realität

## Das Internet zwingt uns seine Logik auf.

**W**ill man sich ein Bild vom Wert und der Bedeutung des Gedächtnisses machen, lohnt ein Blick auf das Gemälde des Briten Dante Gabriel Rossetti aus dem 19. Jahrhundert. Es zeigt Mnemosyne, die griechische Göttin der Erinnerung. Eine schöne Frau mit langen, braunen Haaren, einem grünen Gewand und durchdringendem Blick. Im alten Griechenland wurde Mnemosyne verehrt, sie galt als eine der Titanen. Denn in Zeiten, in denen noch kaum etwas niedergeschrieben wurde, war das Gedächtnis überlebenswichtig. Für die Griechen war es einer der Grundpfeiler der Zivilisation.

Müsste man Mnemosyne heute malen, wäre sie nur noch ein dürrer Schatten ihres prächtigen Urbildes. Denn wir leben zwar im Informationszeitalter, das Wissen im Sinne einer Gedächtnisleistung aber wird immer weniger wertgeschätzt. Es ist auch nicht mehr nötig: Was wir wissen wollen, lässt sich jederzeit im Internet finden. „Ich habe gedacht, dass es die Magie des Informationszeitalters wäre, dass wir immer mehr wissen könnten", schreibt der Autor David Brooks. „Aber dann habe ich verstanden, dass es die Magie des Informationszeitalters ist, immer weniger wissen zu können." Wir lagern das Wissen und die Erinnerung mehr und mehr aus, zu Wikipedia oder in die Cloud genannte Datenwolke.

Man kann das gut finden oder schlecht. Es zeigt auf jeden Fall, dass das Internet längst nicht mehr nur sinnvolles Werkzeug in den Händen der Menschen ist. Das Internet ist längst dabei, das Denken des Menschen zu verändern. Dessen Gehirn wird dabei mehr und mehr auf die Funktion einer Schaltzentrale reduziert.

„Kinder werden ihre Wissensbasis mehrfach neu erfinden müssen", schreibt der Technik-Autor Don Tapscott. „Fakten und Zahlen auswendig zu lernen, ist für sie deshalb Zeitverschwendung." Man mag es als Verbesserung, als Erleichterung begreifen, sogar als Weiterentwicklung, bleibt doch nun mehr Raum, um Zusammenhänge zu erschließen. Man muss sich aber auch klar darüber sein, welche Folgen das hat. Nicholas Carr beschreibt sie in seinem Buch „The Shallows" eindringlich. Demnach basiert die Kultur der Menschen auf linearem Denken, darauf, das etwas einen Anfang und ein Ende hat. Wie ein Film oder eben ein Buch – es war auch Gutenbergs Erfindung des Drucks, die dieses Denken etabliert hat. Es prägt seitdem die Kunst, die Wissenschaft, ja die ganze Gesellschaft: „ruhig, fokussiert, nicht abgelenkt", so das Ideal menschlichen Denkens.

Nun ist nicht jede Ablenkung ein Problem. Häufig hilft es sogar, sich abzulenken, manchmal bringt einen erst etwas Abstand dazu, eine Lösung zu finden. Doch mit dem Internet, so Carr, ist die Ablenkung zum Dauerzustand geworden. Sie ist das Wesen des Digitalen. „Wie wir das Internet benutzen, ist auf vielerlei Art paradox, aber eine dieser Paradoxien wird vermutlich den größten langfristigen Einfluss auf unser Denken haben: Das Netz kapert unsere Aufmerksamkeit nur, um sie zu zerstreuen", schreibt Carr. „Wir konzentrieren uns intensiv auf das Medium selbst, auf den flimmernden Bildschirm, aber wir sind abgelenkt von dem Dauerfeuer aus konkurrierenden Nachrichten und Stimuli."

Dahinter steckt keine Bösartigkeit, es ist einfach die Logik des Internets. Eine Dauerschleife von Benachrichtigungen aller möglichen Plattformen soll uns so lange wie möglich an den Smartphones und Tablets halten: Hier ist immer etwas los. Googles Gewinne zum Beispiel hängen direkt davon ab, wie schnell sich die Nutzer über die Seiten bewegen. Mit jedem Klick bekommt das Unternehmen weitere Informationen über unser Verhalten, die es ausbeuten kann.

Wenn das nicht genügt, greifen Firmen wie Facebook auch in die Trickkiste der Konsumentenpsychologie. Einer der Mechanismen heißt ganz direkt The Hook Model, womit im übertragenen Sinn ein Angelhaken gemeint ist. Viele Dienste im Internet nutzen es. Die Mechanismen gleichen denen, mit denen Glücksspielautomaten konzipiert werden: Belohnung und Bestrafung. Denn eines wissen die Internetfirmen ganz genau: Der Mensch ist immer auf der Suche nach Bestätigung. Das Daumen-Rauf-Zeichen auf Facebook ist nur ein Beispiel von vielen.

So orientieren wir uns mehr und mehr an der Logik von Maschinen. Sie ziehen unsere Aufmerksamkeit auf sich, um sie dann durchs Netz zu dirigieren. Zur selben Zeit bestimmt die so gesteuerte Aufmerksamkeit zunehmend, wie sich Menschen in der analogen Welt verhalten. Schaut man sich das Amazon-Lagerhaus im britischen Rugeley an, bekommt man eine Idee davon, wie die Zukunft aussieht: Hunderte von Amazon-Mitarbeitern eilen dort durch eine gigantische Halle, sie wirken wie ferngesteuert, was sie auch sind. Jeder Lagerarbeiter trägt ein Gerät bei sich, das ihm sagt, wohin er gehen muss, um die gesuchte Ware zu finden. Denn das Lager ist nicht mehr nach menschlichen Kategorien geordnet, Handtücher bei Badesachen oder Löffel bei Tellern, sondern nach der Logik der Algorithmen. Es stehen die Dinge beieinander, die meist zusammen gekauft werden: Fernseher und Kinderspielzeug zum Beispiel.

Die Logik der Maschinen greift dabei auf beiden Seiten: Sie lenkt die Aufmerksamkeit der Kunden auf die Amazon-produkte. Dann macht es die Arbeiter zu Vollzugsgehilfen der Verhaltensmuster, die dadurch entstehen.

Spinnt man diesen Gedanken weiter, landet man schnell bei Jaron Lanier. Lanier ist einer der Mitbegründer des Internets. Er hat sich von einem digitalen Idealisten zu einem der schärfsten Kritiker gewandelt. Er glaubt zwar immer noch an die Kraft des Internets, verurteilt aber, wie es sich entwickelt hat. In seinem „halben Manifest" wendet er sich gegen den kybernetischen Totalitarismus. Also dagegen, dass die Steuerungslogik der Computer zunehmend das Denken der Menschen bestimmt. Das maschinengesteuerte Arbeiten im britischen Amazon-Lager wäre dann nur ein erster Schritt. Denn der Gedanke, der dahintersteckt, heißt laut Lanier: „Menschen sind nicht mehr als regelungstechnische Muster".

Wie sehr die Verselbstständigung von Algorithmen das Leben bereits diktiert, zeigt ein Ereignis aus dem Oktober 2012. Die Handelsprogramme der US-Banken führten damals dazu, dass die Aktien massiv an Wert verloren. Ein Vorgang, den ein Finanzexperte nur noch hilflos mit dem Satz kommentierte: „Die Motive des Algorithmus sind nach wie vor unklar." Die Aussage ist ein Offenbarungseid. Heute, sieben Jahre später, verursachen sogenannte Bots, also auf Algorithmen beruhende Computerprogramme, fast 52 Prozent des Internetverkehrs. Nur der kleinere Teil wird noch von Menschen ausgelöst.

Das Paradoxe daran ist, dass sich der Mensch selbst zum Untertanen degradiert. Muss er zwischen einer menschen- und einer maschinengemachten Information wählen, entscheidet er in der Regel für den Computer. Einfach, weil wir den Maschinen mehr zutrauen als uns selber. Das gilt für die Rechtschreibprüfung genauso wie für den Fahrassistenten. Wozu dieses „übersteigerte Vertrauen in die Automation", der automation bias, führen kann, zeigen die meist eher kuriosen Folgen, wenn sich Menschen zu sehr auf die Navigationssoftware verlassen. Autos landen dann in Tümpeln oder bleiben irgendwo in der Pampa stecken.

Im Flugverkehr sind die Konsequenzen drastischer. 1983 wird eine Maschine der Korean Airlines von einem sowjetischen Düsenjäger abgeschossen, 269 Insassen sterben. Die Auswertung des Flugschreibers ergibt später, dass der Autopilot das Flugzeug lange Strecken über sowjetisches Hoheitsgebiet geführt hat. Obwohl die Piloten den Fehler ahnen, verlassen sie sich letztendlich auf den Autopiloten. James Bridle, der den Vorfall in „New Dark Age" beschreibt, schließt mit dem Kommentar: „Wir denken mehr und mehr wie die Maschine, oder wir denken gar nicht mehr."

# Theorie
Das Internet ermöglicht einen herrschaftsfreien Diskurs und den freien Fluss des Wissens.

## Realität
Das Internet belohnt den schlichten Gedanken und ist so zum mächtigen Herrschaftsinstrument geworden.

**V**or ein paar Jahren hat der Autor Jeff Jarvis einen Brief aufgesetzt. Er ist an ein Kind der Zukunft gerichtet. „Ich hoffe, dass Du in einer Zeit des vernetzten Wissens lebst, in dem sich Informationen, Analysen und Erkenntnisse frei zwischen Menschen und Maschinen bewegen und dass sich das Wissen immer schneller verbreitet und neuen Wert schafft", schreibt Jarvis an den fiktiven Jungen Alexander. „Ich hoffe, Du lebst in einer Zeit, in der diese neuen Verbindungen wichtiger sind als die alten Konzepte von Nationen und Institutionen und deren künstliche Grenzen."

Das ist schön gedacht und tatsächlich hat das Internet eine Menge an Wissenswertem und Sehenswertem produziert. Wikipedia ist nur eines der bekanntesten Beispiele, Youtube mit seinen vielen spektakulären Videos ein anderes; auch die Wissenschaft profitiert von der Vernetzung – das gilt in manchem Bereich der Medizin so wie bei der Erforschung des Klimawandels. Und trotzdem ist die Vision von Jarvis vermutlich naiver als das ausgedachte Kind, an das er schreibt. Denn die Menge an gedanklichem Schrott, an geistigem Müll, der durch das Netz geistert, überlagert die gewonnene Erkenntnis um ein Vielfaches.

Zwei Mythen begründen die Idee von der Erkenntnismaschine Internet. Der eine Mythos ist der des Bloggers. Eine Figur zwischen Robin Hood und Jeanne d'Arc: Endlich kann jeder Mensch frei äußern, was er weiß. Er kann seinen Gedanken freien Lauf lassen mit der berechtigten Hoffnung, gesehen zu werden. So sind eine Reihe brillanter Blogs entstanden, über Politik, über Surfen oder über Musik. Doch sie sind die großen Ausnahmen in einem Meer von Stumpfsinn.

Tag für Tag werden vier Milliarden neuer Blogeinträge veröffentlicht. Die große Masse ist purer Narzissmus. Die Beiträge handeln davon, was irgendwer zu irgendwelchem Weltgeschehen denkt oder davon, was irgendwer den ganzen Tag lang so treibt. Sie beruhen auf dem Missverständnis, dass es tatsächlich von Interesse sein könnte, was einer gerade isst, wie seine Meinung zum Klimawandel lautet oder wie er die Frage, ob die Kardashians nun Fake sind oder nicht, beantwortet. Das meist unzulängliche Gerede wird häufig noch mit Bildern aller Art unterfüttert. Was den Erkenntnisgewinn angeht, ist der Blogger die am meisten überschätzte Figur des Internets.

Der zweite Mythos ist die Schwarmintelligenz. Also die Idee, dass das Kollektiv klüger ist als das Individuum. „Die Menge entscheidet intelligenter und effizienter als der klügste Einzelne in ihren Reihen. Experten und Meinungsführer sind demnach Auslaufmodelle", schreibt James Surowiecki in seinem Buch „Die Weisheit der Vielen". Dass dies ausgemachter Unsinn ist, weiß jeder, der häufig in Konferenzen sitzt. Es gibt Probleme, die sicherlich gemeinsam besser gelöst werden können, oft sind das Fragestellungen, die nach einer kreativen Antwort verlangen.

Das heißt aber nicht, dass Kollektive zwangsläufig über eine höhere Weisheit verfügen als der Einzelne, wie es die Internet-Idealisten suggerieren. Viele uninformierte Menschen produzieren gemeinsam vermutlich mehr Stuss als ein gut unterrichteter Einzelner. Die Vielfalt, die von den Apologeten des Internets immer wieder gepriesen wird – im besten Fall produziert sie eine Kultur der Mittelmäßigkeit: In ihrer Verbreitung wirkt sie vielleicht wie ein Ozean, tiefer als ein

Tümpel aber geht sie nicht. Man braucht sich ja nur einmal zu überlegen, was passieren würde, wenn Gesetze künftig nach dem Wikipedia-Prinzip abgefasst würden.

Schwarmintelligenz kann ein gutes Instrument sein – mehr auch nicht. Wird sie zur Ideologie, wird es problematisch. Die Geschichte hat immer wieder gezeigt, dass Kollektive die Tendenz zum Totalitären haben. Im Internet sind das die Rudel, die sich schnell um eine starke Haltung bilden. Die Idee der Dialektik, dass eine Meinung und ihre Gegenmeinung zu einer neuen Erkenntnis führen können, funktioniert im Internet nicht. Stattdessen versuchen Rudel von Gleichgesinnten andere Ansichten gnadenlos niederzuposten. Eine gute Vorstellung davon vermitteln die Internetdebatten rund um den UN-Migrationspakt, von Kenntnis weitgehend ungetrübt, oder auch manche Stellungnahme von Impfgegnern.

Das Internet ist da nicht Quelle der Erkenntnis, sondern wirksames Instrument der Gegenaufklärung. „Das was die Welt erleuchten sollte, verdunkelt sie tatsächlich", schreibt James Bridle in „New Dark Age". Und: „Die Fülle von Informationen und die Vielfalt von Sichtweisen, zu denen wir durch das Internet Zugang haben, produzieren keine gemeinsame, zusammenhängende Realität, sondern eine, die von fundamentalistischem Beharren auf schlichtesten Erzählungen zerrissen ist, von Verschwörungstheorien und postfaktischer Politik."

Der herrschaftsfreie Diskurs, das Internet als Marktplatz der Demokratie – sie sind nicht mehr als markige Slogans. Die Mechanismen der Netzgemeinde wie sie Bridle beschreibt, haben maßgeblich mitgeholfen, Donald Trump zum US-Präsidenten zu machen. Sie haben dazu geführt, dass zahlreiche Menschen immer noch glauben, Fracking führe in den USA dazu, dass Wasserhähne brennen. Und wer das Internet und seine sozialen Medien weiterhin für einen Segen hält, der braucht nur nach Brasilien zu schauen. Dort hat der Faschist und Befürworter von Folterungen Jair Bolsonaro die Präsidentschaftswahlen gewonnen. Als einen der Hauptgründe dafür nannten Beobachter die Schmutzkampagnen des Bolsonaro-Teams auf Whatsapp. Der Nachrichtendienst gilt dort als Hauptinformationsquelle, 120 von 208 Millionen Brasilianern nutzen Whatsapp.

Der Takt des Internets ist nicht der Takt der Freiheit. Vielleicht hat Twitter einst den Arabischen Frühling befeuert, doch viel geblieben ist davon nicht. Es sind vielmehr die populistisch-autoritären Herrscher wie Bolsonaro oder Russlands Präsident Wladimir Putin, die vom Internet profitieren. Denn sie haben keine Hemmungen, sich auch die irrationalen Mechanismen des Internets zunutze zu machen.

# Theorie
## Das Internet schafft Millionen neuer Arbeitsplätze.

## Realität
**Das Internet hat einen völlig neuen Mechanismus der Ausbeutung geschaffen.**

**E**ine „globale Bewegung", „Teilen heißt gemeinsam Ziele erreichen", der „Community-Charakter" – Unternehmen wie Airbnb oder das Mitfahrportal BlaBlaCar präsentieren sich häufig als Teil einer großen Gemeinschaft. Damit knüpfen sie an den Ursprungsmythos des Internets an, der ja tatsächlich einst die Idee einer Kommune in sich trug. Eine Ansammlung Gleichgesinnter auf Augenhöhe, die antritt, eine bessere Gesellschaft zu schaffen.

Erhalten geblieben ist aus diesen Tagen das persönliche „Du" und das „Wir". Es prägt bis heute den Umgang in der Onlinewelt. Nur, dass es schon lange kein „Wir" mehr gibt. Es ist eine Scheingemeinschaft, hinter der klare Geschäftsinteressen stecken. Von dem „Wir" profitieren vor allem die großen Digitalkonzerne.

Unter tatkräftiger Mithilfe ihrer Mitglieder – die ja in Wahrheit nur Kunden, sogenannte Nutzer sind – ist es ihnen in den vergangenen Jahren gelungen, effektive Mechanismen der Selbstausbeutung zu installieren. Gleich in zweifacher Hinsicht: über die explosionsartige Zunahme von prekären Arbeitsverhältnissen und über das Sammeln von Daten.

Es ist ein geradezu bizarrer Zustand. Wir tragen heute Supercomputer mit uns herum, jeder einzelne bringt das Vielfache der Rechnerleistung der ersten amerikanischen Mondlandefähre Eagle. Klicken wir aber auf Google, Whatsapp oder Amazon, arbeitet dieser Computer vor allem für andere. In jeder Sekunde, die wir das Tablet oder das Smartphone und damit das Internet benutzen, senden wir den wertvollsten Rohstoff unserer Zeit: Daten. Mit der

Standortfunktion liefern wir Bewegungsdaten, mit dem Einkauf bei Amazon Informationen über unser Konsumverhalten, mit manchen Seiten, die wir ansteuern, Angaben über unsere politischen Interessen. Es ist egal, was wir im Internet tun – solange wir etwas tun, wird es aufgezeichnet, verarbeitet und ausgebeutet. Jeder Nutzer der sozialen Medien oder des Onlinebankings macht sich zum Büttel einer gigantischen Industrie. Er liefert eine Menge und bekommt so gut wie nichts.

Jede Bewegung wird – wenn irgend möglich – mit einer Adresse, einer Telefonnummer, mit Kreditkartenangaben oder den Käufen des letzten Monats verknüpft. Je umfassender das Profil ist, das so von einem Menschen erstellt werden kann, desto wertvoller ist es. Eine einfache Wohnadresse – angereichert mit ein paar Metadaten, also wann und an wen Nachrichten verschickt wurden – kostet vielleicht 25 Cent; die Daten von Senioren, die sich für Luxusgüter interessieren, schon 66 Cent. Das sind mickrige Beträge, aber Unternehmen wie die Bertelsmanntochter AZ Direct verfügen über eine Datenbank mit siebzig Millionen Kunden, deren Daten sich in 250 verschiedene Merkmale auffächern lassen. Das ist der Stoff, aus dem Millionen Euro sind.

Derzeit sind Mobilitätsdaten sehr gefragt. Also Angaben, von wo sich Menschen wohin bewegen, wie lange sie zur Arbeit brauchen, wo und wie sie ihre Freizeit verbringen. Die Rollersharing-Firma Coup liefert sie genauso wie die Deutsche Bahn. Das Unternehmen Obike mit Sitz in Singapur, das Städte wie München mit seinen gelb-orangenen Fahrrädern überschwemmt hat, ist nicht etwa gegründet worden, um mit dem Verleihen von Fahrrädern Geld zu verdienen. Die Idee war, Bewegungsdaten zu sammeln.

Jede Angabe ist interessant für die Digitalindustrie, so kann sie ihr Angebot präziser auf den Einzelnen zuschneiden. „Warum müssen Sie sich wie ein Bürger zweiter Klasse behandeln lassen, der keine Privatsphäre hat", fragt Jaron Lanier, „während einige der größten Vermögen in der Geschichte von sehr privaten Milliardären mit ihren Daten gemacht werden?"

Die Frage ist mehr als berechtigt. Doch sie beleuchtet nur die eine Seite des Ausbeutungsmechanismus, den die Internetwirtschaft etabliert hat. Die andere ist die Unmenge an neuen Jobs, die durch das Netz entstanden sind. Sie sind tatsächlich nicht mehr als reine Jobs, keine Arbeitsplätze, sondern prekäre Arbeitsverhältnisse einer Schattenwirtschaft, die einst die Wirtschaftssysteme von Ländern der Dritten Welt gekennzeichnet haben. Über das Internet haben wir sie in die Industrieländer geholt, eine Folge „disruptiver Prozesse", wie es heißt. Denn das klingt besser als Billiglohnjobs. Doch wenn der Essensfahrdienst Deliveroo zukünftigen Mitarbeitern schreibt, „Werde Fahrer und genieße die Freiheit zu arbeiten, wann Du willst", dann heißt das vor allem: Du bist auf Dich gestellt, wir können Dich jederzeit rausschmeißen.

Was als gemeinsames Projekt neuer Art ausgegeben wird, ist letztendlich Kapitalismus in seiner radikalsten Form. Unternehmen wie Deliveroo, der Fahrdienst Uber aber auch Airbnb haben die ursprünglich gute Idee der Share Economy, nach der der Wohlstand aller steigt, wenn man nur teilt, längst pervertiert. Sie vermitteln etwas, das sie nicht selbst besitzen, Autos oder Wohnungen etwa. Sie sind nichts weiter als Makler, die sich eine Heerschar von unterbezahlten und ungesicherten Zuträgern halten. Sie kommen weder für Sozialabgaben, für Alterssicherung oder für den Schutz bei Krankheit ihrer Mitarbeiter auf. Hätten Lidl oder Aldi solche Arbeitsbedingungen – der Skandal wäre zu Recht groß.

Die Träger der Internetwirtschaft, sie sind Schmarotzer, die sich auf Kosten der Gesellschaft bereichern. Dabei geht es nicht nur um das Schicksal des einzelnen Fahrers für Uber. Bei Airbnb geht es um die Sozialstruktur ganzer Städte. Je mehr Wohnungen über den Vermittler gehandelt werden, desto weniger Wohnraum ist für die Bewohner da. Und weniger Wohnraum bedeutet steigende Mieten. Die Unternehmen stricken trotzdem weiter an ihrer Legende: Klein tritt hier gegen Groß an, der frische Geist des Internets gegen das analoge Establishment, sympathisch gegen dogmatisch.

Im Falle von Uber lautet die eigene Legende, dass der Fahrdienst seine freiheitliche Idee gegen eine übermächtige und rücksichtslose Kamarilla aus Taxiunternehmen und Behörden verteidige. Den Kampf führte Uber dann selber ziemlich rücksichtslos. Hatte das Unternehmen eine Stadt für seinen Fahrdienst ausgemacht, ging es nach der immer gleichen Methode vor: Erst wurden Fahrer angeworben, die App freigeschaltet, dann wurde gewartet, ob sich bei Taxiunternehmen und Stadtverwaltungen Widerstand formte. Gab es den, wurden renommierte Public-Relations-Agenturen eingeschaltet. Genügte auch das nicht, schickte Uber seine Anwälte.

Was das noch mit dem Geist der Share Economy zu tun hat? Genau: gar nichts. Es ist nur ein weiteres Märchen, das von den Apologeten des Internets gerne erzählt wird.

Epilog

# Wir machen uns selbst zu Idioten

**D**as Internet abschalten? Einfach so? Es wird nicht funktionieren. Leider. Dafür ist das Internet zu verlockend, zu bequem für den Menschen. Und tatsächlich auch zu gut. Es lassen sich Freunde und Bekannte aufspüren, die man längst verloren glaubte; Menschen, die sich sonst nie kennengelernt hätten, finden zueinander. Im Internet lässt sich hervorragend recherchieren, es gibt Musik, von der man nie gedacht hätte, dass es sie gibt, auch Texte oder Videos. Das Internet kann eine große Hilfe für Menschen sein, die Hilfe brauchen, Ältere zum Beispiel. Es kann den Horizont öffnen. „Das Schöne am Internet ist, dass es Menschen verbindet", schreibt der Kritiker Jaron Lanier, „und nur darin liegt sein Wert. In den Menschen." Aber er sagt auch: „Wenn wir anfangen zu glauben, das Internet selbst sei eine Instanz, die uns etwas zu sagen hat, entwerten wir diese Menschen und machen uns selbst zu Idioten."

Wir bewegen uns auf den Zustand dieser Idiotie zu. Das Internet entwickelt mehr und mehr seine eigene Realität, der sich viele Menschen unter tätiger Mithilfe ausliefern. Ein Blick morgens in die S-Bahn genügt: Menschen verpassen ihre Stationen, weil sie auf ihr Mobiltelefon starren, sie rennen einander um, weil sie selbst beim Gehen den Blick nicht vom Smartphone heben können. Damit diese Smombies (Smartphonezombies) nicht vor ein Auto oder die Straßenbahn schlurfen, installieren mehr und mehr Städte Leuchtstreifen auf den Gehwegen, sogenannte Bodenampeln, kurz Bompeln.

Es ist erst der Anfang, immer ausgefeiltere Gerätschaften werden das Netz immer besser in den Alltag integrieren. Dann rennen wir uns vielleicht nicht mehr um. Aber die Wirklichkeit offline und die Wirklichkeit online werden zu einer neuen, eigenen Wirklichkeit werden. Das kann man jetzt gut finden oder schlecht, es wird jedenfalls nicht mehr zu verhindern sein. Wir sollten nur wissen, was wir tun.

Jedem Internetnutzer dürfte inzwischen klar sein, dass Dienste wie Whatsapp oder Facebook längst etwas mehr sind, als Plattformen zum Austausch von süßen Katzenbildern. Ein US-Präsident Donald Trump wäre ohne Facebook und Twitter genauso wenig denkbar wie sein brasilianischer Amtskollege, der rechtsextreme Jair Bolsonaro ohne Whatsapp. Den großen Internetunternehmen ist in den vergangenen Jahren eine ungeahnte Bedeutung zugewachsen, politisch aber auch ganz praktisch. Sie verwalten Milliarden an Nutzerkonten und Milliarden an Werbedollars. Und wenn die deutsche Bundespolizei nun jede Menge sensibler Daten bei den Cloud-Diensten von Amazon speichert, dann muss einen das beunruhigen. Die Hoheit über Daten bedeutet schlicht Macht.

Und die Machtkonzentration im Internet schreitet voran. Trotz eines zwanzigjährigen Vorstadthackers, der Millionen von Daten klaut und publiziert. Trotz der massiven

Einflussnahme russischer Trolle auf die Politik weltweit, trotz massenhaften Datenmissbrauchs bei Facebook für die Kampagne Donald Trumps. Keiner der Skandale rund um Facebook im vergangenen Jahr hat dem Unternehmen auch nur im Mindesten geschadet. Die Gewinne steigen, die Mitgliederzahlen auch. Entweder ist es den sogenannten Nutzern schlicht egal oder aber eine Plattform wie Facebook ist inzwischen alternativlos, kann also tun und lassen, was sie will. Beides ist gefährlich.

Die Macht der Internetkonzerne bedroht die Demokratie. Denn wer entscheidet tatsächlich im Überwachungskapitalismus? Regierungen? Wähler? Oder Whatsapp? Die US-amerikanische Ökonomin Shoshana Zuboff meint, dass es kaum noch gelingen kann, die Standards und Regeln, die wir aus der analogen Welt kennen, auf die digitale Welt zu übertragen. Aber sie zieht einen Vergleich, der dann doch etwas Hoffnung macht: Auch in den Frühzeiten des Industriekapitalismus mussten Arbeiter und Gewerkschaften anfangs für minimale Rechte kämpfen, für geregelte Arbeitszeiten, Krankenversicherung und ähnliches.

Dieser Kampf um sehr grundlegende Rechte muss jetzt wieder geführt werden. Nur geht es nun um Datenschutz und die Privatsphäre eines jeden. Und es geht alles etwas schneller. Wer dann gesehen hat, wie unzulänglich amerikanische Senatoren und europäische Abgeordnete beim Auftritt Mark Zuckerbergs vor dem US-Senat und dem EU-Parlament agierten, dem konnte angst und bange werden.

Eine der wenigen Politikerinnen, die sich frühzeitig offen gegen die Dominanz der Internetmonopole gestellt hat, ist die Wettbewerbskommissarin der EU, Margrethe

Vestager. Sie sagt, „wir müssen unsere Demokratie zurückerobern, wir können sie nicht den Googles und Facebooks überlassen." Und nicht nur das, Vestager handelt. Dreimal hat sie Google wegen Wettbewerbsverzerrung mit empfindlichen Strafen belegt: 2017 mit 2,42 Milliarden Euro, 2018 mit 4,34 Milliarden, 2019 mit 1,49 Milliarden. Apple verurteilte sie dazu, 13 Milliarden Euro an Steuern an den irischen Staat zurückzuzahlen. Bei der Technologiekonferenz South by South-west (SXSW) im texanischen Austin im März 2019 wurde Vestager gefeiert. Mit ihrer ruhigen aber hartnäckigen Art ist sie ein Star in der Szene. „Es ist wirklich erstaunlich, wie sehr die großen Tech-Unternehmen Sie hassen", sagte eine Moderatorin und Vestager antwortete: „Ich weiß nicht, ob das wahr ist, aber wenn es wahr ist, ist es eine Auszeichnung. "

Eine Frau allein gegen das Silicon Valley, das ist eine starke Geschichte, die so glücklicherweise nicht mehr ganz zutrifft. Denn nach einer quälend langen Zeit handeln inzwischen auch die politischen Institutionen. Seit Ende 2017 gilt in Deutschland das Netzwerkdurchsetzungsgesetz, eine Handhabe gegen Hasstiraden auf sozialen Netzwerken. Ein halbes Jahr später hat die Europäische Union die Datenschutzgrundverordnung erlassen und damit den Bürgern ein wenig Hoheit über ihre Daten zurückgegeben; die Reform des Urheberrechts auf der Ebene der EU könnte endlich dazu führen, dass Youtube, Google und andere nicht mehr länger allein an den Texten oder der Musik verdienen, die andere geschaffen haben. Und indem sich das Bundeskartellamt in die Auseinandersetzung mit der Internetwirtschaft eingemischt hat, hat es amtlich anerkannt, dass Daten ebenso

Rohstoffe wie Öl oder Lebensmittel sind, statt, dass zu viel davon in einer Hand Schaden anrichtet.

Mit welcher Gewalt und welchem Geschick die Digitalkonzerne ihre Macht verteidigen, hat die harsche Debatte um die Reform des Urheberrechts gezeigt. Im Kern geht es bei der Neufassung darum, dass Youtube & Co. die Arbeit von Autoren und Künstlern nicht mehr nutzen können, ohne dafür auch zu bezahlen. Dass dabei die Freiheit des Internets eingeschränkt wird, ist wahr. So, wie die Freiheit des Buchhändlers an der Ecke beschnitten ist, da auch er keine Druckwerke einfach kopieren und verkaufen darf.

Doch statt sich sinnvolle Modelle zur Vergütung der Kreativen zu überlegen, agitieren die Digitalkonzerne massiv gegen die Reform. Durch geschickte Lobbyarbeit streuten sie, dass sogenannte Uploadfilter, also das automatisierte Aussortieren, die einzige Möglichkeit sei, die Reform umzusetzen. Das ist schlicht unwahr, aber Zehntausende Menschen gingen Ende März vor allem in Deutschland und Österreich auf die Straße, um gegen Uploadfilter zu demonstrieren. So machten sie sich zu Erfüllungsgehilfen der großen Internetunternehmen, die unter dem Deckmantel der Freiheit für das Internet nur eigene Pfründe sichern wollen.

Das EU-Parlament hat dennoch für die Reform gestimmt. Das ist gut und angesichts des breiten Widerstands war es auch mutig. Aber das Urheberrecht in seiner letzten Fassung stammte noch aus der Steinzeit des Internets, aus dem Jahr 2001. Es hat also fast zwei Jahrzehnte gebraucht, es in die digitale Welt zu übertragen. Das dauert zu lange, es sind Zeiträume, in denen die Digitalkonzerne jede Menge Fakten schaffen können.

Wie das geht, hat Mark Zuckerberg Anfang 2019 wieder einmal vorgeführt. Nach einem Jahr voller Skandale, des Datenmissbrauchs und der ungehemmten Verbreitung von Hasskommentaren versprach er, von nun an die Privatsphäre besser schützen zu wollen. Die Kommunikation über seine Dienste solle verschlüsselt werden, ältere Nachrichten zukünftig vielleicht sogar automatisch gelöscht werden. Das klingt gut, ist aber weniger als die halbe Wahrheit.

Denn zum einen sollen – entgegen früheren festen Versprechen – seine drei Dienste Facebook, Whatsapp und Instagram miteinander verschmolzen werden. Zuckerberg verfügt dann über eine geballte Marktmacht von mehreren Milliarden Nutzern. Und selbst wenn Facebook die Inhalte verschlüsselt oder gar löscht, behält es die Metadaten, also wer wann was wohin schickt. Sie bringen das Geld. Durch die Verbindung seiner drei Dienste wird Zuckerberg über ein viel größeres Netzwerk verfügen, aus dem er dann schöpfen kann.

Wie gesagt: Das Internet verbindet.

## Jan Heidtmann

*ist seit fast 20 Jahren Redakteur bei der Süddeutschen Zeitung – zuerst beim SZ-Magazin, dann als stellvertretender Ressortleiter Innenpolitik. Nun schreibt er für das Ressort Seite Drei. Für einen Digital Native ist Heidtmann, 53, zu alt. Dafür kann er sich noch gut daran erinnern, wie die ersten Webseiten online gingen: Manchmal dauerte es eine viertel Stunde, bis sie aufgebaut waren, manchmal blieb der Bildschirm auch einfach schwarz. Aber gerade von diesem Unfertigen, diesem Hineinstolpern in etwas ganz Neues ging eine Magie aus.*

# Die besten Seiten der **Streitkultur**

**Eigentum verpflichtet**
ISBN: 978-3-978-3-86497-522-6
112 Seiten | 12,90 €

„Eigentum verpflichtet. Sein Gebrauch soll zugleich dem Wohle der Allgemeinheit dienen." Lesen wir diese Sätze in Artikel 14 Absatz 2 des Grundgesetzes mit der Zärtlichkeit und der Leidenschaft, die sie verdienen. Sie sind das soziale Herz der Verfassung. In diesem Buch geht es darum, was daraus folgt.

**Macht euch die Maschinen untertan**
ISBN: 978-3-86497-499-1
128 Seiten | 12,90 €

KI, die künstliche Intelligenz, ist eines der am
heftigsten diskutierten Themen unserer Zeit.
Niemand weiß wie stark sie das Leben verändert.
Andrian Kreye hat sich ein Bild vom Stand der
Dinge gemacht: Was kann KI schon und wohin
geht die Entwicklung? Und vor allem: Wie können
wir aus den Fehlern der Digitalisierung lernen und
dafür sorgen, dass sie den Menschen als mächti-
ges Werkzeug dient und ihnen nicht schadet.

**Die letzte Chance für unsere Erde**
ISBN: 978-3-86497-500-4
72 Seiten | 9,90 €

Die Bundesrepublik gibt sich als Vorbild in Sachen
Klimaschutz – und unterläuft die eigenen Beschlüsse.
Der irrlichternde US-Präsident Donald Trump steigt
aus dem Klimaabkommen aus. Nicht wenige Länder
der Dritten Welt wiederholen die Fehler der Ersten.
Vor fast einem halben Jahrhundert schon zeigte der
Club of Rome die Grenzen des Wachstums auf – doch
geschehen ist zu wenig. Ein sofortiges Umdenken und
Handeln ist unerlässlich.

**Das Internet zwischen Diktatur und Anarchie**
ISBN: 978-3-86615-301-7
64 Seiten | 4,90 €

**Wir brauchen die Flüchtlinge!**
ISBN: 978-3-86497-334-5
88 Seiten | 4,90 €

Die Annahme, das Internet mache die Welt demokratischer, gilt längst nicht mehr. Nutzer fühlen sich gläsern, ungezügelter Kapitalismus macht sich breit. Zehn Thesen, wie das Internet mit der Demokratie kollidiert und wie darauf zu reagieren ist.

Die Angst vor den Fremden verstellt den Blick auf die Chancen der Zuwanderung. Die Flüchtlinge sind eine Herausforderung, aber auch eine große Chance. Sie können Deutschland bereichern und erneuern, wenn sie schnell und mutig integriert werden.

**Eine Frage der Gerechtigkeit**
ISBN: 978-3-86497-177-8
64 Seiten | 4,90 €

**Diese Wirtschaft tötet**
ISBN: 978-3-86497-208-9
48 Seiten | 4,90 €

Die gegenwärtige Steuerpolitik belastet Durchschnittsverdiener am meisten. Große Konzerne und Vermögende dagegen drücken sich gerne mal vor ihren Pflichten. Plädoyer für ein faires Steuersystem – unideologisch, pragmatisch und gerecht.

Diese Wirtschaft tötet, sagt Papst Franziskus und nicht etwa Karl Marx. Sie tötet, weil sie den Profit über den Menschen stellt. Längst ist sie zu einer Art Religion geworden. Aber sie ist nicht heilig und eine Wirtschaft, die dem Leben dient, ist möglich.

**Rettet die Kindheit**
ISBN: 978-3-86497-294-2
40 Seiten | 4,90 €

**Die Irrtümer des Kremls**
ISBN: 978-3-86497-300-0
64 Seiten | 4,90 €

Nichts gegen die Kindheit, aber muss sie so lange dauern? In der Leistungsgesellschaft wird das Kind zum Objekt, überfrachtet mit den Anforderungen und Wünschen der Eltern und der Politik. Aber eine Kita ist kein Assessment Center und die Schule kein Trainingsgelände für spätere Eliten. Lasst die Kinder in Ruhe!

Bedeutet der Anschluss der Krim an Russland die Wiederherstellung der historischen Gerechtigkeit? Kämpfen im Donbass Russen für die Befreiung von ukrainischer Repression? Hat die Nato den Konflikt geschürt? Thomas Urban sieht besonders die Deutschen in der Pflicht, zu einer Lösung des Konfliktes beizutragen.

**Wir sind viele**
ISBN: 978-3-86615-999-0
48 Seiten | 4,90 €

**Lang lebe der Euro!**
ISBN: 978-3-86497-080-1
72 Seiten | 4,90 €

Der Zorn gegen den Finanzkapitalismus, der die Menschen gepackt hat, ist mehr als Wut. Zornige Menschen wollen nicht akzeptieren, dass es angeblich keine Alternative gibt. Sie stellen zornige Fragen – und damit beginnt Veränderung.

Der Euro ist unser Schicksal – die Zukunft der gemeinsamen Währung entscheidet über Wohlstand und Sicherheit in Deutschland, in Europa. Es geht um den Kern des Systems, wirtschaftlich, politisch und emotional. Dafür lohnt es sich zu kämpfen.